This book belongs to:

_____

- - - - - - - - - - - - - - - -

_____

GW00420390

Table of Contents

Cursive handwriting learning tips!

- Begin with lowercase letters

- Once mastered lowercase letters, move on to capital letters

- It is a good idea to practice writing in cursive for at least 20 minutes per day

- Start writing with a 2B or HB pencil

- Sit at the table or desk with a good source of light

- Sit comfortably ensuring you have a good support for your arm

- Take your time to write beautifully

- Don't press too hard when writing

- Continue from one letter to the next in a single, smooth motion

- Keep it neat when joining the letters

For more handwriting tips follow us on:
Instagram **@LittleSparkClub** and Facebook **My Little Spark Publishing**

Download free cursive

handwriting pages

Scan me:

Trace the cursive letters,
then write your own.

dive
daisy
dock

d d d d d d d d d d d d d d d d

d d d d d d d d d d d d d d d d

d d d d d d d d d d d d d d d d

d d d d d d d d d d d d d d d d

d d d d d d d d d d d d d d d d

d

d

Trace the cursive letters,
then write your own.

golf
garden
green

g gggggggggggggggggggggg

g gggggggggggggggggggggg

g gggggggggggggggggggggg

g gggggggggggggggggggggg

g gggggggggggggggggggggg

g

g

Trace the cursive letters,
then write your own.

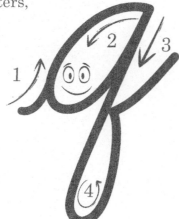

quick
quality
quiet

q q q q q q q q q q q q q q q q q q q

q q q q q q q q q q q q q q q q q q q

q q q q q q q q q q q q q q q q q q q

q q q q q q q q q q q q q q q q q q q

q q q q q q q q q q q q q q q q q q q

q

q

Trace the cursive letters,
then write your own.

ice cream

imaginative

island

i *i* *i* *i* *i* *i* *i* *i* *i* *i* *i* *i* *i* *i* *i* *i* *i* *i* *i*

i *i* *i* *i* *i* *i* *i* *i* *i* *i* *i* *i* *i* *i* *i* *i* *i* *i* *i*

i *i* *i* *i* *i* *i* *i* *i* *i* *i* *i* *i* *i* *i* *i* *i* *i* *i* *i*

i *i* *i* *i* *i* *i* *i* *i* *i* *i* *i* *i* *i* *i* *i* *i* *i* *i* *i*

i *i* *i* *i* *i* *i* *i* *i* *i* *i* *i* *i* *i* *i* *i* *i* *i* *i* *i*

i

i

Trace the cursive letters,
then write your own.

teacher
tennis
train

t t t t t t t t t t t t t t t t t t t t

t t t t t t t t t t t t t t t t t t t t

t t t t t t t t t t t t t t t t t t t t

t t t t t t t t t t t t t t t t t t t t

t t t t t t t t t t t t t t t t t t t t

t

t

Trace the cursive letters,
then write your own.

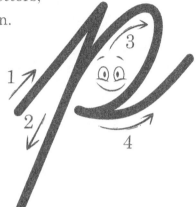

picnic

postcard

present

p p p p p p p p p p p p p p p p p

p p p p p p p p p p p p p p p p p p

p p p p p p p p p p p p p p p p p p

p p p p p p p p p p p p p p p p p p

p p p p p p p p p p p p p p p p p p

p

p

Trace the cursive letters,
then write your own.

unwitting
umbrella
upbeat

Summer

Trace the cursive letters,
then write your own.

waterpark
watermelon
warm

12
mylittlespark.co.uk

Trace the cursive letters,
then write your own.

4 ●

1 ↗
2 ↙

3 ↗

journey
July
jet boat

j j j j j j j j j j j j j j j j j

j j j j j j j j j j j j j j j j j

j j j j j j j j j j j j j j j j j

j j j j j j j j j j j j j j j j j

j

j

Trace the cursive letters,
then write your own.

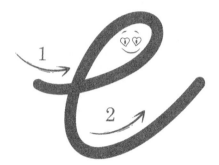

equipment
enchanting
ease

𝑒 𝑒 𝑒 𝑒 𝑒 𝑒 𝑒 𝑒 𝑒 𝑒 𝑒 𝑒 𝑒 𝑒 𝑒 𝑒

𝑒 𝑒 𝑒 𝑒 𝑒 𝑒 𝑒 𝑒 𝑒 𝑒 𝑒 𝑒 𝑒 𝑒 𝑒 𝑒

𝑒 𝑒 𝑒 𝑒 𝑒 𝑒 𝑒 𝑒 𝑒 𝑒 𝑒 𝑒 𝑒 𝑒 𝑒 𝑒

𝑒 𝑒 𝑒 𝑒 𝑒 𝑒 𝑒 𝑒 𝑒 𝑒 𝑒 𝑒 𝑒 𝑒 𝑒 𝑒

𝑒 𝑒 𝑒 𝑒 𝑒 𝑒 𝑒 𝑒 𝑒 𝑒 𝑒 𝑒 𝑒 𝑒 𝑒 𝑒

𝑒

𝑒

Trace the cursive letters,
then write your own.

2

1

3

lifeboat
lifeguard
lavender

ℓ ℓℓℓℓℓℓℓℓℓℓℓℓℓℓℓℓℓℓℓℓ

ℓ ℓℓℓℓℓℓℓℓℓℓℓℓℓℓℓℓℓℓℓℓ

ℓ ℓℓℓℓℓℓℓℓℓℓℓℓℓℓℓℓℓℓℓℓ

ℓ ℓℓℓℓℓℓℓℓℓℓℓℓℓℓℓℓℓℓℓℓ

ℓ ℓℓℓℓℓℓℓℓℓℓℓℓℓℓℓℓℓℓℓℓ

ℓ

ℓ

Trace the cursive letters,
then write your own.

ferry
fishing
flip flops

f f f f f f f f f f f f f f f f f f f f

f f f f f f f f f f f f f f f f f f f f

f f f f f f f f f f f f f f f f f f f f

f f f f f f f f f f f f f f f f f f f f

f

f

Trace the cursive letters,
then write your own.

2

3

1

holiday

hike

hotel

h h h h h h h h h h h h h h h h h h h h

h h h h h h h h h h h h h h h h h h h h

h h h h h h h h h h h h h h h h h h h h

h h h h h h h h h h h h h h h h h h h h

h h h h h h h h h h h h h h h h h h h h

h h h h h h h h h h h h h h h h h h h h

h

h

Trace the cursive letters,
then write your own.

2
3
1
4

knot
King
knapsack

k k k k k k k k k k k k k k k k k k k k k

k k k k k k k k k k k k k k k k k k k k k

k k k k k k k k k k k k k k k k k k k k k

k k k k k k k k k k k k k k k k k k k k k

k k k k k k k k k k k k k k k k k k k k k

k

k

Trace the cursive letters,
then write your own.

rope

rowing

raspberries

𝓇 𝓃 𝓃 𝓃 𝓃 𝓃 𝓃 𝓃 𝓃 𝓃 𝓃 𝓃 𝓃 𝓃 𝓃 𝓃

𝓇 𝓃 𝓃 𝓃 𝓃 𝓃 𝓃 𝓃 𝓃 𝓃 𝓃 𝓃 𝓃 𝓃 𝓃 𝓃

𝓇 𝓃 𝓃 𝓃 𝓃 𝓃 𝓃 𝓃 𝓃 𝓃 𝓃 𝓃 𝓃 𝓃 𝓃 𝓃

𝓇 𝓃 𝓃 𝓃 𝓃 𝓃 𝓃 𝓃 𝓃 𝓃 𝓃 𝓃 𝓃 𝓃 𝓃 𝓃

𝓇 𝓃 𝓃 𝓃 𝓃 𝓃 𝓃 𝓃 𝓃 𝓃 𝓃 𝓃 𝓃 𝓃 𝓃 𝓃

𝓇

𝓇

Trace the cursive letters,
then write your own.

sandals
seashell
sightseeing

s s s s s s s s s s s s s s

s s s s s s s s s s s s s s

s s s s s s s s s s s s s s

s s s s s s s s s s s s s s

s s s s s s s s s s s s s s

s

s

Trace the cursive letters,
then write your own.

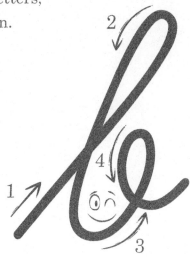

blanket
breezy
beach

𝑏 𝑏 𝑏 𝑏 𝑏 𝑏 𝑏 𝑏 𝑏 𝑏 𝑏 𝑏

𝑏 𝑏 𝑏 𝑏 𝑏 𝑏 𝑏 𝑏 𝑏 𝑏 𝑏 𝑏

𝑏 𝑏 𝑏 𝑏 𝑏 𝑏 𝑏 𝑏 𝑏 𝑏 𝑏 𝑏

𝑏 𝑏 𝑏 𝑏 𝑏 𝑏 𝑏 𝑏 𝑏 𝑏 𝑏 𝑏

𝑏 𝑏 𝑏 𝑏 𝑏 𝑏 𝑏 𝑏 𝑏 𝑏 𝑏 𝑏

𝑏

𝑏

Trace the cursive letters,
then write your own.

ocean
outdoors
orange

𝒪 𝓸

𝒪 𝓸

𝒪 𝓸

𝒪 𝓸

𝒪 𝓸

𝒪

𝒪

Trace the cursive letters,
then write your own.

valley
violet
visit

Trace the cursive letters,
then write your own.

map
museum
mooring

m m m m m m m m m m m m m m m m

m m m m m m m m m m m m m m m m

m m m m m m m m m m m m m m m m

m m m m m m m m m m m m m m m m

m m m m m m m m m m m m m m m m

m

m

Trace the cursive letters,
then write your own.

$\mathcal{M}$

1 → 2 →

nest
nibbles
national park

$\mathcal{n}$ m m m m m m m m m m m m m m m

$\mathcal{n}$ m m m m m m m m m m m m m m m

$\mathcal{n}$ m m m m m m m m m m m m m m m

$\mathcal{n}$ m m m m m m m m m m m m m m m

$\mathcal{n}$ m m m m m m m m m m m m m m m

$\mathcal{n}$

$\mathcal{n}$

Trace the cursive letters,
then write your own.

1 2 3

yacht
yellow
youth

y y y y y y y y y y y y y y

y y y y y y y y y y y y y y

y y y y y y y y y y y y y y

y y y y y y y y y y y y y y

y

y

Trace the cursive letters,
then write your own.

exciting
excellent
exquisite

Trace the cursive letters,
then write your own.

1 2 3

zinnia

zoo

zesty

Uppercase letters

Trace the cursive letters,
then write your own.

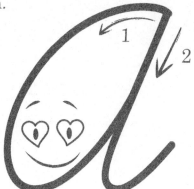

Adventure
Achievements
Airport

A a a a a a a a a a a a

A a a a a a a a a a a a

A a a a a a a a a a a a

A a a a a a a a a a a a

A a a a a a a a a a a a

A

A

Trace the cursive letters,
then write your own.

1

Catamaran
Celebration
Climb

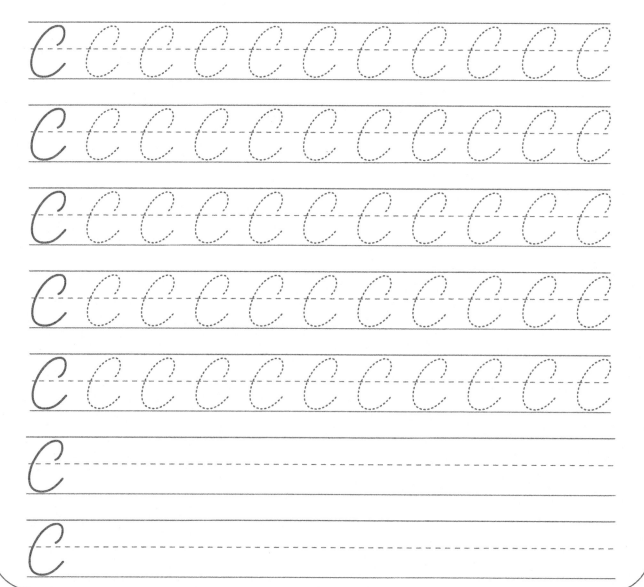

c c c c c c c c c c

c c c c c c c c c c

c c c c c c c c c c

c c c c c c c c c c

c c c c c c c c c c

c

c

Trace the cursive letters,
then write your own.

Ocean
Outdoors
Orange

𝒪 𝒪 𝒪 𝒪 𝒪 𝒪 𝒪 𝒪 𝒪 𝒪 𝒪

𝒪 𝒪 𝒪 𝒪 𝒪 𝒪 𝒪 𝒪 𝒪 𝒪 𝒪

𝒪 𝒪 𝒪 𝒪 𝒪 𝒪 𝒪 𝒪 𝒪 𝒪 𝒪

𝒪 𝒪 𝒪 𝒪 𝒪 𝒪 𝒪 𝒪 𝒪 𝒪 𝒪

𝒪 𝒪 𝒪 𝒪 𝒪 𝒪 𝒪 𝒪 𝒪 𝒪 𝒪

𝒪

𝒪

Trace the cursive letters,
then write your own.

1

2

Unwitting
Umbrella
Upbeat

U U U U U U U U U U U

U U U U U U U U U U U

U U U U U U U U U U U

U U U U U U U U U U U

U U U U U U U U U U U

U

U

Trace the cursive letters,
then write your own.

Valley
Violet
Visit

Trace the cursive letters,
then write your own.

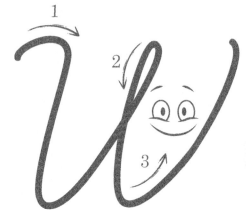

Waterpark
Watermelon
Warm

Trace the cursive letters,
then write your own.

eXciting
eXcellent
eXquisite

𝓍 𝓍 𝓍 𝓍 𝓍 𝓍 𝓍 𝓍 𝓍 𝓍

𝓍 𝓍 𝓍 𝓍 𝓍 𝓍 𝓍 𝓍 𝓍 𝓍

𝓍 𝓍 𝓍 𝓍 𝓍 𝓍 𝓍 𝓍 𝓍 𝓍

𝓍 𝓍 𝓍 𝓍 𝓍 𝓍 𝓍 𝓍 𝓍 𝓍

𝓍 𝓍 𝓍 𝓍 𝓍 𝓍 𝓍 𝓍 𝓍 𝓍

𝓍

𝓍

Trace the cursive letters,
then write your own.

1
2
3

Yacht
Yellow
Youth

Y y y y y y y y y y y y y y y

Y y y y y y y y y y y y y y y

Y y y y y y y y y y y y y y y

Y y y y y y y y y y y y y y y

Y

Y

Trace the cursive letters,
then write your own.

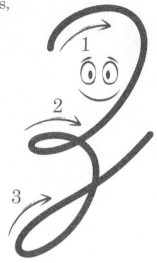

Zinnia
Zoo
Zesty

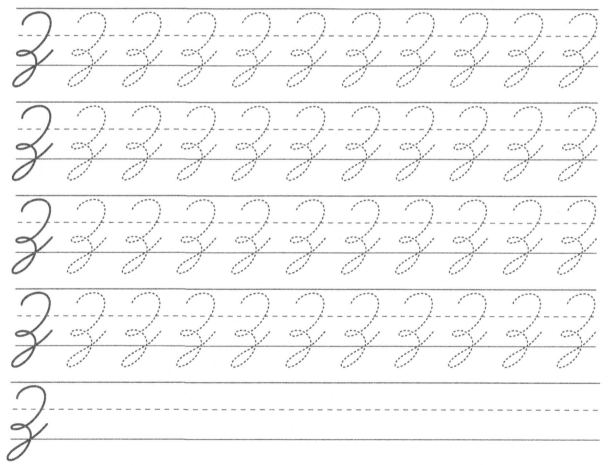

Trace the cursive letters,
then write your own.

Picnic
Postcard
Present

p p p p p p p p p p p p

p p p p p p p p p p p p

p p p p p p p p p p p p

p p p p p p p p p p p p

p p p p p p p p p p p p

p

p

Trace the cursive letters,
then write your own.

Rope

Rowing

Raspberries

ℛ ℛ ℛ ℛ ℛ ℛ ℛ ℛ ℛ ℛ ℛ ℛ ℛ

ℛ ℛ ℛ ℛ ℛ ℛ ℛ ℛ ℛ ℛ ℛ ℛ ℛ

ℛ ℛ ℛ ℛ ℛ ℛ ℛ ℛ ℛ ℛ ℛ ℛ ℛ

ℛ ℛ ℛ ℛ ℛ ℛ ℛ ℛ ℛ ℛ ℛ ℛ ℛ

ℛ ℛ ℛ ℛ ℛ ℛ ℛ ℛ ℛ ℛ ℛ ℛ ℛ

ℛ

ℛ

Trace the cursive letters, then write your own.

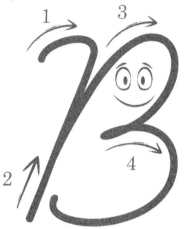

Blanket
Breezy
Beach

$\mathcal{B}$ $\mathcal{B}$ $\mathcal{B}$ $\mathcal{B}$ $\mathcal{B}$ $\mathcal{B}$ $\mathcal{B}$ $\mathcal{B}$ $\mathcal{B}$ $\mathcal{B}$

$\mathcal{B}$ $\mathcal{B}$ $\mathcal{B}$ $\mathcal{B}$ $\mathcal{B}$ $\mathcal{B}$ $\mathcal{B}$ $\mathcal{B}$ $\mathcal{B}$ $\mathcal{B}$

$\mathcal{B}$ $\mathcal{B}$ $\mathcal{B}$ $\mathcal{B}$ $\mathcal{B}$ $\mathcal{B}$ $\mathcal{B}$ $\mathcal{B}$ $\mathcal{B}$ $\mathcal{B}$

$\mathcal{B}$ $\mathcal{B}$ $\mathcal{B}$ $\mathcal{B}$ $\mathcal{B}$ $\mathcal{B}$ $\mathcal{B}$ $\mathcal{B}$ $\mathcal{B}$ $\mathcal{B}$

$\mathcal{B}$ $\mathcal{B}$ $\mathcal{B}$ $\mathcal{B}$ $\mathcal{B}$ $\mathcal{B}$ $\mathcal{B}$ $\mathcal{B}$ $\mathcal{B}$ $\mathcal{B}$

$\mathcal{B}$

$\mathcal{B}$

Trace the cursive letters,
then write your own.

Holiday
Hike
Hotel

Trace the cursive letters,
then write your own.

Knot
King
Knapsack

K K K K K K K K K K K K K K K

K K K K K K K K K K K K K K K

K K K K K K K K K K K K K K K

K K K K K K K K K K K K K K K

K

K

Trace the cursive letters,
then write your own.

1

3

2

Nest
Nibbles
National Park

n n n n n n n n n n n n n n

n n n n n n n n n n n n n n

n n n n n n n n n n n n n n

n n n n n n n n n n n n n n

n

n

Trace the cursive letters,
then write your own.

1

2   3

Map
Museum
Mooring

m m m m m m m m m m m

m m m m m m m m m m m

m m m m m m m m m m m

m m m m m m m m m m m

m m m m m m m m m m m

m

m

Trace the cursive letters,
then write your own.

Ice cream

Imaginative

Island

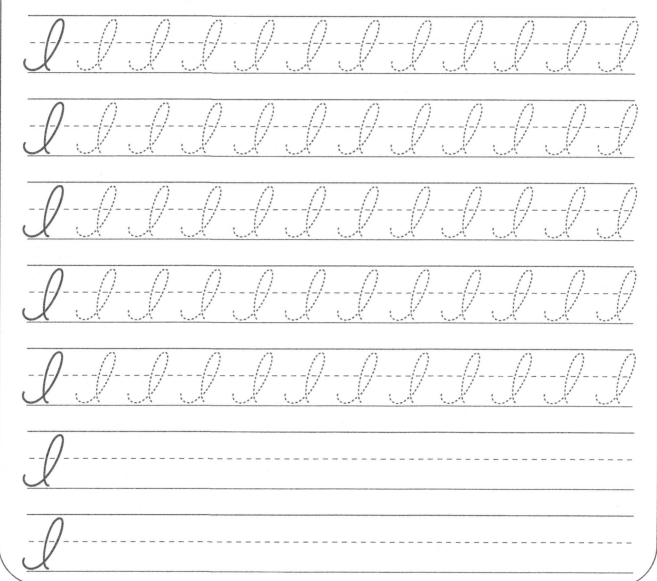

Trace the cursive letters,
then write your own.

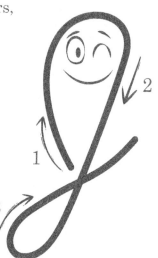

Journey
July
Jet boat

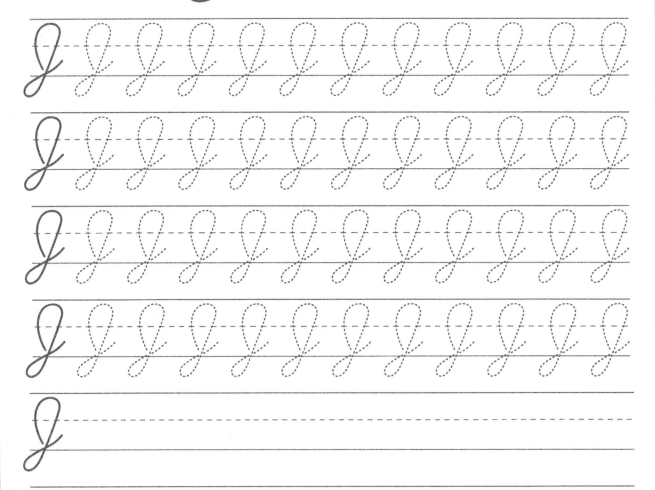

Trace the cursive letters, then write your own.

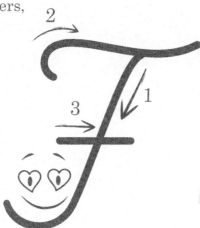

2

1

3

Ferry

Fishing

Flip flops

Trace the cursive letters,
then write your own.

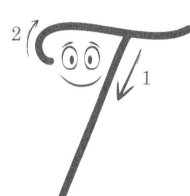

Teacher
Tennis
Train

Trace the cursive letters,
then write your own.

Dive
Daisy
Dock

Trace the cursive letters,
then write your own.

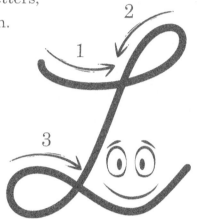

Lifeboat
Lifeguard
Lavender

$\mathcal{L}$ $\mathcal{L}$ $\mathcal{L}$ $\mathcal{L}$ $\mathcal{L}$ $\mathcal{L}$ $\mathcal{L}$ $\mathcal{L}$ $\mathcal{L}$ $\mathcal{L}$ $\mathcal{L}$ $\mathcal{L}$ $\mathcal{L}$

$\mathcal{L}$ $\mathcal{L}$ $\mathcal{L}$ $\mathcal{L}$ $\mathcal{L}$ $\mathcal{L}$ $\mathcal{L}$ $\mathcal{L}$ $\mathcal{L}$ $\mathcal{L}$ $\mathcal{L}$ $\mathcal{L}$ $\mathcal{L}$

$\mathcal{L}$ $\mathcal{L}$ $\mathcal{L}$ $\mathcal{L}$ $\mathcal{L}$ $\mathcal{L}$ $\mathcal{L}$ $\mathcal{L}$ $\mathcal{L}$ $\mathcal{L}$ $\mathcal{L}$ $\mathcal{L}$ $\mathcal{L}$

$\mathcal{L}$ $\mathcal{L}$ $\mathcal{L}$ $\mathcal{L}$ $\mathcal{L}$ $\mathcal{L}$ $\mathcal{L}$ $\mathcal{L}$ $\mathcal{L}$ $\mathcal{L}$ $\mathcal{L}$ $\mathcal{L}$ $\mathcal{L}$

$\mathcal{L}$ $\mathcal{L}$ $\mathcal{L}$ $\mathcal{L}$ $\mathcal{L}$ $\mathcal{L}$ $\mathcal{L}$ $\mathcal{L}$ $\mathcal{L}$ $\mathcal{L}$ $\mathcal{L}$ $\mathcal{L}$ $\mathcal{L}$

$\mathcal{L}$

$\mathcal{L}$

Trace the cursive letters,
then write your own.

Golf
Garden
Green

Trace the cursive letters,
then write your own.

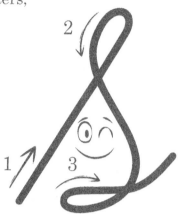

Sandals
Seashell
Sightseeing

Trace the cursive letters,
then write your own.

Equipment
Enchanting
Ease

𝓔 𝓔 𝓔 𝓔 𝓔 𝓔 𝓔 𝓔 𝓔 𝓔 𝓔

𝓔 𝓔 𝓔 𝓔 𝓔 𝓔 𝓔 𝓔 𝓔 𝓔 𝓔

𝓔 𝓔 𝓔 𝓔 𝓔 𝓔 𝓔 𝓔 𝓔 𝓔 𝓔

𝓔 𝓔 𝓔 𝓔 𝓔 𝓔 𝓔 𝓔 𝓔 𝓔 𝓔

𝓔 𝓔 𝓔 𝓔 𝓔 𝓔 𝓔 𝓔 𝓔 𝓔 𝓔

𝓔

𝓔

Trace the cursive letters,
then write your own.

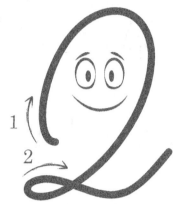

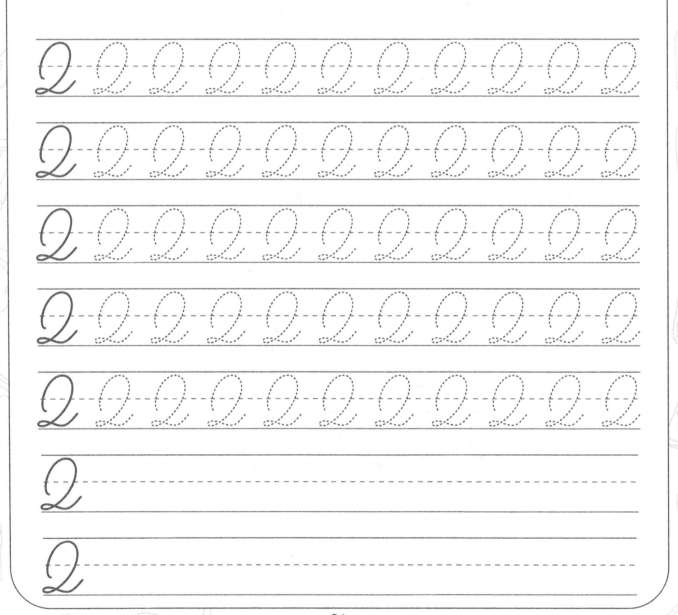

Aa Bb Cc

Dd Ee Ff

Gg Hh Ii

Jj Kk Ll

Mm Nn Oo

Pp Qq Rr

Ss Tt Uu

Vv Ww Xx

Yy Zz

Numbers

Trace the cursive numbers,
then write your own.

1 1 1 1 1 1 1 1 1 1 1 1 1 1 1 1 1 1 1 1 1 1 1 1

2 2 2 2 2 2 2 2 2 2 2 2 2 2 2 2 2

3 3 3 3 3 3 3 3 3 3 3 3 3 3 3 3 3 3

4 4 4 4 4 4 4 4 4 4 4 4 4 4 4 4

5 5 5 5 5 5 5 5 5 5 5 5 5 5 5

6 6 6 6 6 6 6 6 6 6 6 6 6 6 6

7 7 7 7 7 7 7 7 7 7 7 7 7 7 7 7 7 7 7

8 8 8 8 8 8 8 8 8 8 8 8 8 8 8

9 9 9 9 9 9 9 9 9 9 9 9 9 9 9 9 9

0 0 0 0 0 0 0 0 0 0 0 0 0 0 0 0 0 0 0 0 0 0

CVC - short 'a' words

bag *bag*

bat *bat*

cat *cat*

dad *dad*

ham *ham*

fan *fan*

hat *hat*

jam *jam*

lab *lab*

CVC - short 'a' words

man *man*

mat *mat*

nap *nap*

pan *pan*

ran *ran*

sad *sad*

tan *tan*

wag *wag*

gas *gas*

CVC - short 'e' words

bed *bed*

bet *bet*

hen *hen*

jet *jet*

leg *leg*

let *let*

men *men*

met *met*

net *net*

CVC - short 'e' words

pen *pen*

pet *pet*

red *red*

set *set*

peg *peg*

ten *ten*

yet *yet*

wet *wet*

vet *vet*

bid *bid* --------------------------------

hit *hit* --------------------------------

dim *dim* --------------------------------

lit *lit* --------------------------------

lip *lip* --------------------------------

fin *fin* --------------------------------

gig *gig* --------------------------------

him *him* --------------------------------

hip *hip* --------------------------------

CVC - short 'i' words

bib *bib* -

nib *nib* -

pig *pig* -

rib *rib* -

sip *sip* -

sit *sit* -

tip *tip* -

tin *tin* -

win *win* -

CVC - short 'o' words

box *box*

cod *cod*

cot *cot*

dog *dog*

dot *dot*

fog *fog*

got *got*

hob *hob*

hot *hot*

CVC - short 'o' words

log *log*

sob *sob*

lot *lot*

mop *mop*

nod *nod*

not *not*

pot *pot*

top *top*

fox *fox*

CVC - short 'u' words

bud *bud*

bun *bun*

cup *cup*

cut *cut*

hub *hub*

hug *hug*

hut *hut*

mug *mug*

pub *pub*

CVC - short 'u' words

pun *pun*

rub *rub*

rug *rug*

run *run*

gum *gum*

sun *sun*

tub *tub*

tug *tug*

tum *tum*

CCVC words

flag *flag*

sled *sled*

swim *swim*

drop *drop*

drum *drum*

drag *drag*

slip *slip*

plop *plop*

plum *plum*

CCVC words

brag *brag*

bled *bled*

drip *drip*

frog *frog*

slug *slug*

plan *plan*

sped *sped*

stop *stop*

plus *plus*

CVCC words

past *past*

maps *maps*

mops *mops*

mask *mask*

risk *risk*

rent *rent*

send *send*

felt *felt*

held *held*

CVCC words

help *help*

bulk *bulk*

soft *soft*

loft *loft*

lift *lift*

tent *tent*

went *went*

task *task*

lamp *lamp*

'sh' words

shell *shell*

ship *ship*

bash *bash*

fish *fish*

rush *rush*

shark *shark*

shade *shade*

she *she*

sheet *sheet*

'ch' words

chain *chain*

chips *chips*

child *child*

cheek *cheek*

chat *chat*

chop *chop*

chick *chick*

chew *chew*

choose *choose*

'th' words

thumb *thumb*

thing *thing*

think *think*

throne *throne*

three *three*

theme *theme*

third *third*

thick *thick*

thaw *thaw*

'ai' words

rain *rain*

tail *tail*

main *main*

mail *mail*

aim *aim*

sail *sail*

fail *fail*

wait *wait*

again *again*

'ee' words

speed *speed*

teeth *teeth*

feet *feet*

green *green*

free *free*

queen *queen*

seed *seed*

sheep *sheep*

tree *tree*

high *high*

light *light*

might *might*

right *right*

night *night*

tight *tight*

fright *fright*

tonight *tonight*

bright *bright*

'oo' words

roof *roof*

food *food*

book *book*

foot *foot*

moon *moon*

pool *pool*

cook *cook*

wood *wood*

wool *wool*

'oa' words

oak *oak*

soap *soap*

coat *coat*

foam *foam*

goat *goat*

load *load*

road *road*

coast *coast*

toast *toast*

High frequency words

the *the*

and *and*

to *to*

said *said*

in *in*

he *he*

of *of*

it *it*

was *was*

High frequency words

you *you*

they *they*

on *on*

she *she*

is *is*

for *for*

we *we*

can *can*

are *are*

High frequency words

up *up*

had *had*

my *my*

her *her*

what *what*

there *there*

out *out*

this *this*

have *have*

went *went*

be *be*

like *like*

some *some*

one *one*

them *them*

do *do*

me *me*

down *down*

High frequency words

dad *dad*

big *big*

when *when*

it's *it's*

see *see*

looked *looked*

very *very*

don't *don't*

come *come*

Summer

Fill in the missing letters.

ca ping wate park

Au ust san als

oce n Summer Ju e

Fris ee sun at

jou ney ice cre m

ad enture

Summer

Find and circle the words from the word list.

```
A  D  V  E  N  T  U  R  E  N
S  C  S  Z  Q  P  O  E  L  D
A  C  A  M  P  I  N  G  G  U
N  H  I  K  I  N  G  W  U  H
D  S  U  N  H  A  T  C  R  A
A  E  O  C  E  A  N  K  W  Q
L  J  O  U  R  N  E  Y  G  U
S  A  G  N  H  J  U  R  T  S
F  I  C  E  C  R  E  A  M  C
D  F  R  I  S  B  E  E  R  H
```

Words List

ADVENTURE	FRISBEE	CAMPING
ICE CREAM	JOURNEY	HIKING
OCEAN	SUNHAT	SANDALS

Find the key on the page 118

Fill in the missing letters.

sun la ses

holiday

J ly

hi ing

s n

Summer

s im

p cnic

he t

sig ts eing

bea h

Summer

Find and circle the words from the word list.

```
S  F  H  O  L  I  D  A  Y  R
A  Y  R  U  Y  H  E  A  T  F
U  S  U  N  T  S  H  J  O  P
G  Q  T  S  B  Y  U  E  A  P
U  W  Q  B  E  A  C  H  G  Q
S  D  Y  Q  X  B  F  A  U  P
T  E  S  W  I  M  H  Q  C  G
S  D  Y  H  J  U  N  E  I  P
P  I  C  N  I  C  Q  B  K  Y
D  G  X  H  H  J  U  L  Y  F
```

Words List

AUGUST	HEAT	BEACH
JULY	HOLIDAY	JUNE
PICNIC	SWIM	SUN

Find the key on the page 118

Seaside

Fill in the missing letters.

sungl sses

swi suit

F isbee

li eguard

di e

s nd

s im

bea h

ca ama an

ice c eam

sun de k

seas ell

Seaside

Find and circle the words from the word list.

```
L  I  F  E  G  U  A  R  D  F
F  R  I  S  B  E  E  G  W  Q
T  C  A  T  A  M  A  R  A  N
S  U  N  D  E  C  K  H  J  O
A  R  H  I  R  S  P  M  Q  W
S  E  A  S  H  E  L  L  D  J
Q  S  W  I  M  H  D  I  V  E
B  E  A  C  H  G  S  A  N  D
T  H  I  Q  X  B  G  Y  Q  A
I  C  E  C  R  E  A  M  T  W
```

Words List

BEACH	SAND	SWIM	LIFEGUARD
DIVE	SUN DECK		SEASHELL
ICE CREAM	CATAMARAN		FRISBEE

Find the key on the page 118

Weather

Fill in the missing letters.

scor_hing hot

clo_dy

sun_y

h_t

mi_d

stor_y

wa_m

bre_zy

heat_ave

mu_gy

Weather

Unscramble the letters to find the words from the list below.

UNSYN   _ _ _ _ _

AHAVEEWT   _ _ _ _ _ _ _ _

THO   _ _ _

RWMA   _ _ _ _

GYMUG   _ _ _ _ _

LIDM   _ _ _ _

ZEEBYR   _ _ _ _ _ _

UCDOLY   _ _ _ _ _ _

OMTYSR   _ _ _ _ _ _

IOSCRNCGH OTH   _ _ _ _ _ _ _ _ _ _ _ _

Words List

SUNNY	BREEZY	HOT	WARM
MUGGY	HEATWAVE		STORMY
MILD	CLOUDY	SCORCHING HOT	

Colours

Fill in the missing letters.

yel_ow

_vi_let

oran_e

bl_e

r_d

pi_k

m_nt

Colours

g_een

cor_l

Colours

Unscramble the letters to find the words from the list below.

DRE   _ _ _

OLWELY   _ _ _ _ _ _

EUBL   _ _ _ _

EGNER   _ _ _ _ _

KIPN   _ _ _ _

ORCLA   _ _ _ _ _

RAEONG   _ _ _ _ _ _

NTIM   _ _ _ _

EOLTVI   _ _ _ _ _ _

Words List

ORANGE	GREEN	RED
MINT	PINK	YELLOW
VIOLET	CORAL	BLUE

Flowers

Fill in the missing letters.

la__ender

pa__sies

li__ies

Flowers

b__ue

pop__ies

sun__lower

Flowers

Find and circle the words from the word list.

```
F  H  P  O  P  P  I  E  S  Q
H  R  Q  U  I  O  D  G  H  A
A  R  Q  D  A  I  S  Y  V  J
S  V  U  K  E  A  P  O  L  I
Q  U  L  I  L  I  E  S  B  Z
V  P  A  N  S  I  E  S  T  P
Z  L  A  V  E  N  D  E  R  N
H  F  R  U  B  A  Q  Z  O  P
S  U  N  F  L  O  W  E  R  J
R  W  G  H  U  O  I  C  Y  Q
```

Words List

DAISY	LAVENDER
LILIES	PANSIES
POPPIES	SUNFLOWER

Find the key on the page 118

Holiday

Fill in the missing letters.

mu_eum

ca_era

isla_d

tra_n

ho_el

t_ip

Holiday

z_o

pla_e

tic_ets

wat_rpark

suit_ase

air_ort

pos_card

Holiday

Find and circle the words from the word list.

```
T  R  A  I  N  G  T  R  I  P
W  H  O  T  E  L  P  Z  O  O  Q
Q  U  J  P  M  U  S  E  U  M
X  A  I  R  P  O  R  T  L  O
P  R  T  I  C  K  E  T  S  O
A  F  S  U  I  T  C  A  S  E
Y  P  O  S  T  C  A  R  D  N
T  I  S  L  A  N  D  C  S  Y
X  H  C  A  M  E  R  A  K  G
U  G  E  W  P  L  A  N  E  V
```

Words List

AIRPORT	TICKETS	SUITCASE	CAMERA
HOTEL	TRIP	TRAIN	ISLAND
MUSEUM	ZOO	POSTCARD	PLANE

Find the key on the page 119

School's Out

Fill in the missing letters.

Thank Y u ca d

a ards

di loma

gra es

School's Out

su cess

teac er

p oud

achie ements

goo bye

grad ation

School's Out

Find and circle the words from the word list.

```
Q  T  S  U  C  C  E  S  S  P
F  H  J  R  Q  I  O  C  P  A
E  Y  D  I  P  L  O  M  A  B
F  I  O  E  X  P  R  O  U  D
P  A  W  A  R  D  S  G  W  J
H  F  U  G  O  O  D  B  Y  E
H  J  C  S  P  U  Y  J  A  D
Q  O  H  V  G  R  A  D  E  S
T  E  A  C  H  E  R  B  J  U
G  U  E  O  C  B  J  P  Y  Q
```

Words List

AWARDS	DIPLOMA
GOODBYE	GRADES
PROUD	SUCCESS
TEACHER	

Find the key on the page 119

Fill in the missing letters.

su__mit   cli__b

val__ey   hei__ht

pe__k   p__th

st__ep   hi__e

cli__f   tr__ck

wal__ing boots

Mountains

Unscramble the letters to find the words from the list below.

EPAK   _ _ _ _

EIKH   _ _ _ _

NALGIWK OTSOB   _ _ _ _ _ _ _ _ _ _ _ _

AHPT   _ _ _ _

KRCTA   _ _ _ _ _

IHGETH   _ _ _ _ _ _

FFCIL   _ _ _ _ _

TSPEE   _ _ _ _ _

LEALYV   _ _ _ _ _ _

MIMSUT   _ _ _ _ _ _

LBMCI   _ _ _ _ _

Words List

VALLEY	HEIGHT	PEAK	PATH
SUMMIT	STEEP	TRACK	HIKE
CLIMB	WALKING BOOTS		CLIFF

Father's Day

Fill in the missing letters.

p_esent

lo_e

chil_ren

daug_ter

Ju_e

ca_e

s_n

h_g

ca_d

gi_t

cele_ration

fa_ily

wi_hes

Father's Day

Unscramble the letters to find the words from the list below.

RNEETSP   _ _ _ _ _ _ _

TEINORLAECB   _ _ _ _ _ _ _ _ _ _ _

EKAC   _ _ _ _

ITGF   _ _ _ _

RCDA   _ _ _ _

UGH   _ _ _

YLFIAM   _ _ _ _ _ _

NVOGIL   _ _ _ _ _ _

TAPREN   _ _ _ _ _ _

NHELIRDC   _ _ _ _ _ _ _ _

NSO   _ _ _

REDUAHGT   _ _ _ _ _ _ _ _

Words List

PRESENT	GIFT	FAMILY	CHILDREN
CELEBRATION	CARD	LOVING	SON
CAKE	HUG	PARENT	DAUGHTER

Clothes

Fill in the missing letters.

swi_ suit

flip f_ops

s_ndals

T-s_irt

d_ess

h_t

sh_rt

s_irt

ta_k top

sho_ts

sungl_sses

104
mylittlespark.co.uk

Clothes

Find and circle the words from the word list.

```
D  R  E  S  S  R  Y  I  Q  H
D  T  H  W  A  T  Q  Z  G  A
S  A  N  D  A  L  S  Q  Y  T
S  X  D  R  E  S  S  G  R  C
N  H  K  I  S  H  I  R  T  Y
S  H  O  R  T  S  U  N  K  Q
S  W  I  M  S  U  I  T  O  E
D  G  J  Y  E  Y  A  C  V  J
R  T  A  N  K  T  O  P  D  N
W  S  K  I  R  T  F  S  X  Q
```

Words List

DRESS	HAT	SHIRT
SANDALS	SWIMSUIT	SKIRT
SHORTS	TSHIRT	TANK TOP

Fruit and Veg

Fill in the missing letters.

aspara us

rasp erries

cher ies

le tuce

co n

p as

spi ach

b ets

Fruit and Veg

blueber ies

water elon

tom toes

str wberries

Fruit and Veg

Find and circle the words from the word list.

T	O	M	A	T	O	E	S	F	U
E	C	H	E	R	R	I	E	S	G
W	C	O	R	N	U	P	E	A	S
T	H	J	Q	R	I	O	C	L	K
A	S	P	A	R	A	G	U	S	F
Q	F	T	J	Z	V	K	O	P	T
G	O	B	E	E	T	S	G	W	O
Z	S	P	I	N	A	C	H	M	P
R	T	L	E	T	T	U	C	E	M
T	U	Q	U	Q	V	U	P	W	A

Words List

ASPARAGUS	BEETS
CHERRIES	CORN
LETTUCE	PEAS
SPINACH	TOMATOES

Find the key on the page 119

Camping

Fill in the missing letters.

fis___ing

camp___ire

back___ack

fo___est

s___ars

m___p

te___t

ca___in

b___ots

adven___ure

e___uipment

sle___ping bag

c___mpass

Camping

Unscramble the letters to find the words from the list below.

ETTN
_ _ _ _

NVADTEREU
_ _ _ _ _ _ _ _ _

KCAKCPBA
_ _ _ _ _ _ _ _

OOTSB
_ _ _ _ _

IBANC
_ _ _ _ _

AFICPMRE
_ _ _ _ _ _ _ _

OSCSMAP
_ _ _ _ _ _ _

NEMPIUQTE
_ _ _ _ _ _ _ _ _

OFETRS
_ _ _ _ _ _

ISHFING
_ _ _ _ _ _ _

PMA
_ _ _

EGPELNIS AGB
_ _ _ _ _ _ _ _ _ _ _

Words List

FISHING	COMPASS	BOOTS	EQUIPMENT
FOREST	CABIN	CAMPFIRE	ADVENTURE
BACKPACK	TENT	MAP	SLEEPING BAG

Fill in the missing letters.

cu _lery

p _ay

c _ke

bas _et

badm _nton

bar _ecue

ni _bles

blan _et

pa _k

b _ll

ga _es

gar _en

sand _ich

Picnic

Picnic

Unscramble the letters to find the words from the list below.

ESTBKA   _ _ _ _ _ _

ELBNSIB   _ _ _ _ _ _ _

YECULTR   _ _ _ _ _ _ _

TNLEKAB   _ _ _ _ _ _ _

YLPA   _ _ _ _

LBLA   _ _ _ _

HCWSINDA   _ _ _ _ _ _ _ _

EEARCUBB   _ _ _ _ _ _ _ _

ENGRAD   _ _ _ _ _ _

ARPK   _ _ _ _

MODNTABNI   _ _ _ _ _ _ _ _ _

KCAE   _ _ _ _

Words List

PARK	SANDWICH	BLANKET	BASKET
BADMINTON	BARBECUE	PLAY	NIBBLES
CAKE	GARDEN	BALL	CUTLERY

Harbour

Fill in the missing letters.

life_oat   oc_an liner

yac_t   cu_rent

sa_l   cr_iser

ro_e   d_ck

     cr_w

fe_ry   sai_or

jet b_at   mo_ring

fis_ing boat   ca_go ship

sub_arine

Harbour

Find and circle the words from the word list.

```
W  Y  M  O  O  R  I  N  G  J
S  A  I  L  Q  Y  A  C  H  T
W  D  O  C  K  L  R  O  P  E
A  Y  C  U  R  R  E  N  T  K
P  U  S  A  I  L  O  R  V  G
Z  L  I  F  E  B  O  A  T  P
J  U  P  C  R  U  I  S  E  R
F  E  R  R  Y  T  C  R  E  W
R  S  U  B  M  A  R  I  N  E
P  U  J  E  T  B  O  A  T  N
```

Words List

CREW	SAIL	CRUISER	YACHT
CURRENT	SUBMARINE	DOCK
FERRY	LIFEBOAT	JET BOAT
MOORING	ROPE	SAILOR

Find the key on the page 120

113

mylittlespark.co.uk

The Queen's Birthday

Fill in the missing letters.

cele_ration

musi_ians

hor_es

Qu_en

sol_iers

pri_cess

tra_ition

Lo_don

par_de

cro_n

K_ng

p_ince

mo_arch

R_yal family

Bu_kingham Palace

The Queen's Birthday

The Queen's Birthday

Find and circle the words from the word list.

```
Q  T  H  C  R  O  W  N  P  O
H  P  R  I  N  C  E  L  P  Y
J  S  O  L  D  I  E  R  S  N
D  M  P  A  R  A  D  E  L  Y
Q  U  E  E  N  V  K  I  N  G
W  P  R  I  N  C  E  S  S  L
R  U  K  L  O  N  D  O  N  P
V  G  M  O  N  A  R  C  H  Q
U  F  H  O  R  S  E  S  F  C
T  M  U  S  I  C  I  A  N  S
```

Words List

CROWN	KING	QUEEN	LONDON
MONARCH	PARADE	HORSES	PRINCE
PRINCESS	SOLDIERS	MUSICIANS	

Sports

Fill in the missing letters.

swi_ming

cano_ing   fis_ing

c_cling   hi_ing

te_nis   _Sports_   go_f

su_fing   ro_ing

be_ch_vo_leyball

Sports

Unscramble the letters to find the words from the list below.

MIMSGNWI   _ _ _ _ _ _ _ _

LICGYCN   _ _ _ _ _ _ _

IGOWNR   _ _ _ _ _ _

IGHNFSI   _ _ _ _ _ _ _

IHNGKI   _ _ _ _ _ _

NONGAIEC   _ _ _ _ _ _ _ _

LFGO   _ _ _ _

NIENTS   _ _ _ _ _ _

CBEAH EALLBLOVLY _ _ _ _ _ _ _ _ _ _ _ _ _ _

ISGRUNF   _ _ _ _ _ _ _

Words List

SWIMMING	GOLF	TENNIS	SURFING
CYCLING	FISHING		CANOEING
ROWING	HIKING	BEACH VOLLEYBALL	

117
mylittlespark.co.uk

Word Search Key

Summer page 85

```
A D V E N T U R E
S
A C A M P I N G
N H I K I N G
D S U N H A T
A     O C E A N
L J O U R N E Y
S

  I C E C R E A M
  F R I S B E E
```

Summer page 87

```
    H O L I D A Y
A             H E A T
U S U N
G
U         B E A C H
S
T   S W I M
          J U N E
P I C N I C
            J U L Y
```

Seaside page 89

```
L I F E G U A R D
F R I S B E E
  C A T A M A R A N
S U N D E C K

S E A S H E L L
    S W I M   D I V E
B E A C H   S A N D

I C E C R E A M
```

Flowers page 95

```
    P O P P I E S

      D A I S Y

    L I L I E S
  P A N S I E S
  L A V E N D E R

S U N F L O W E R
```

Word Search Key

Holiday page 97

```
T R A I N   T R I P
    H O T E L   Z O O
            M U S E U M
A I R P O R T
    T I C K E T S
    S U I T C A S E
P O S T C A R D
I S L A N D
    C A M E R A
            P L A N E
```

School's Out page 99

```
        S U C C E S S

        D I P L O M A
                P R O U D
A W A R D S
            G O O D B Y E

                G R A D E S
T E A C H E R
```

Clothes page 105

```
D R E S S                 H
                          A
S A N D A L S       T     T
        D R E S S
                S H I R T
S H O R T S
S W I M S U I T

        T A N K T O P
S K I R T
```

Fruit and Veg page 107

```
T O M A T O E S
        C H E R R I E S
    C O R N       P E A S

A S P A R A G U S

            B E E T S
    S P I N A C H
        L E T T U C E
```

Word Search Key

Harbour page 113

```
      M O O R I N G
S A I L   Y A C H T
  D O C K   R O P E
  C U R R E N T
  S A I L O R
  L I F E B O A T
      C R U I S E R
F E R R Y   C R E W
S U B M A R I N E
    J E T B O A T
```

The Queen's Birthday page 115

```
      C R O W N
  P R I N C E
  S O L D I E R S
      P A R A D E
Q U E E N   K I N G
  P R I N C E S S
        L O N D O N
  M O N A R C H
    H O R S E S
M U S I C I A N S
```

Cursive Alphabet Chart

A a B b C c

D d E e F f

G g H h I i

J j K k L l

M m N n O o

P p Q q R r

S s T t U u

V v W w X x

Y y Z z

I hope your child enjoyed practising cursive handwriting with this book as much as I enjoyed creating it for them.

Please scan the below QR code and leave a review.

It will only take you a minute.

Thank you, Rosie W. Hawthorn

Scan me:

Or use this link:

https://www.amazon.com/review/review-your-purchases

Download free cursive

handwriting pages

Scan me:

You may also like:

Lined Paper for Children Learning to Write

4-Line Layout

Printed in Great Britain
by Amazon